十二生肖系列之

鼠年说鼠

庚子年生肖邮票珍藏

刘甲良 编著

中原出版传媒集团
中原传媒股份公司
中州古籍出版社

前言

明 朱瞻基《鼠荔图》

斗转星移，经过十二年的轮回，鼠年又回来了。老鼠虽然不是人类豢养的动物，但它始终与人类住在同一个屋檐下，关系非常“亲近”。我们世世代代都在讲述着鼠的传说和故事。说到老鼠，最值得炫耀的地方就是它位列十二生肖之首。至于说鼠怎么获得这个“榜首”地位，众说纷纭，莫衷一是。

一种传说是玉皇大帝要选十二种动物来给人类做属相，派猫去通知其他十一种动物到天庭，排定座次，其中并没有老鼠。老鼠偷听到了猫对牛的传话，便先下手为强，飞奔到天宫报到。糊涂的玉皇大帝见老鼠应卯，也不辨真伪，当下排在第一位，第一个被通知的牛反而成了第二。猫给其他动物一个个传话完毕后赶到天庭，十二个座位已排完，没有了它的位子，所以十二生肖老鼠成了老大，反倒没有了猫。从此，猫与老鼠结下大仇，见老鼠就要追咬。

我国古代广泛流传“鼠咬天开”的传说。相传在远古时期，天地混沌一片，宇宙没有形成，是老鼠凭借着锲而不舍的精神和坚忍不拔的毅力将这混沌咬破，使得天地分开，人类才有如今生存的环境。类似的传说在我国许多少数民族聚居地也有流传，只不过天地未开时的混沌状态，常常是以葫芦、金鼓等象征方式表现出来的。这一传说将老鼠视为开天辟地的功臣。而十二生肖中的其他动物，基本上和这类创世的传说没有关联。从这一点上来说，也足以证明鼠在古人心目中的崇高地位了。

上面只是民间的传说，事实上，十二生肖的排序一直是历代学者探讨的一个话题。宋代学者认为老鼠前足四趾，后足五趾，奇数为阴，偶数为阳，老鼠体态奇、偶皆具，颇为特殊，属于阴阳交合体的物种，故在第一位。明代有位大学者叫朗瑛，他依据动物出没的活动时间，认为子时(深夜 23 点至次日凌晨 1 点)，夜色最黑暗，老鼠此时最活跃，是天地阴阳交合之时活动的动物，故“子”同鼠搭配，鼠排在生肖第一位。

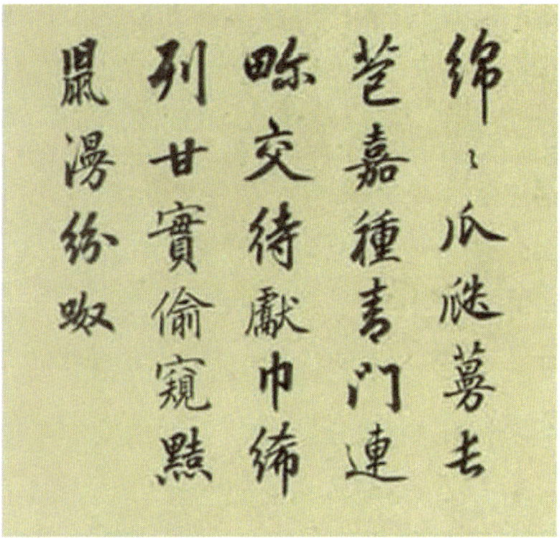

宋 钱选《瓜鼠图》题诗

鼠具有惊人的繁殖力，《本草纲目》称，鼠孕一月而生，而且一胎多子，多者竟然达近20只。这种超强的繁殖能力，实在令渴望多子多孙的古人向往。所以，鼠被民间视为多子多孙的象征。而葫芦、葡萄、石榴也属多籽，因此，人们便把老鼠与这类东西放在一起，强化了子子孙孙无穷尽的愿望。老鼠不仅和人类生育有关，而且还与发财有关系。因为古代农民家庭十分贫困，多半人家无隔宿之粮，而老鼠又是勤劳的动物，每天夜间都在不停地寻找搬运食物，积聚财富，为家族的繁衍生存奠定物质基础，故谚有“老鼠有三年余粮”之说。因此老鼠“驾到”，意味着这户人家粮食有余，生活富足。老鼠常在夜间出来活动，其叫声如数铜钱一般，俗称“老鼠数钱”。久而久之，老鼠便成了受欢迎的财神爷了。

宋 钱选《瓜鼠图》

鼠是一种灵性动物，又是一种文化性动物。在人鼠共处的历史长河中，鼠是开创世界、营造物质天地的文化英雄，是多子多孙和吉祥富裕的象征。鼠文化是中华民族神话时代的产物，是人类开创世界、征服自然的艺术反映。

目录

世纪鼠年年表

(1900—2100)

中国农历庚子年　公元 1900 年 1 月 31 日—1901 年 2 月 18 日

中国农历壬子年　公元 1912 年 2 月 18 日—1913 年 2 月 5 日

中国农历甲子年　公元 1924 年 2 月 5 日—1925 年 1 月 23 日

中国农历丙子年　公元 1936 年 1 月 24 日—1937 年 2 月 10 日

中国农历戊子年　公元 1948 年 2 月 10 日—1949 年 1 月 28 日

中国农历庚子年　公元 1960 年 1 月 28 日—1961 年 2 月 14 日

中国农历壬子年　公元 1972 年 2 月 15 日—1973 年 2 月 2 日

中国农历甲子年　公元 1984 年 2 月 2 日—1985 年 2 月 19 日

中国农历丙子年　公元 1996 年 2 月 19 日—1997 年 2 月 6 日

中国农历戊子年　公元 2008 年 2 月 7 日—2009 年 1 月 25 日

中国农历庚子年　公元 2020 年 1 月 25 日—2021 年 2 月 11 日

中国农历壬子年　公元 2032 年 2 月 11 日—2033 年 1 月 30 日

中国农历甲子年　公元 2044 年 1 月 30 日—2045 年 2 月 16 日

中国农历丙子年　公元 2056 年 2 月 15 日—2057 年 2 月 3 日

中国农历戊子年　公元 2068 年 2 月 3 日—2069 年 1 月 22 日

中国农历庚子年　公元 2080 年 1 月 22 日—2081 年 2 月 8 日

中国农历壬子年　公元 2092 年 2 月 7 日—2093 年 1 月 26 日

一

鼠年大事

1420年(庚子年)北京故宫建成

北京故宫又称紫禁城,位于北京城的中心,是中国明清两朝的皇家宫殿,始建于明永乐四年(1406),以南京故宫为蓝本建造,至明永乐十八年(1420)建成,占地72万平方米,建筑面积约15万平方米,是世界上现存规模最大、保存最完整的木质结构古建筑。故宫被誉为世界五大宫之首。1949年中华人民共和国成立以后,对故宫建筑进行了大规模的修缮,同时整理出大量珍贵文物。1961年故宫被列为第一批全国重点文物保护单位,1987年被列入联合国教科文组织《世界文化遗产名录》。

图1 北京故宫

1780年(庚子年)清乾隆皇帝第五次南巡

清乾隆四十五年(1780)正月十二日,乾隆帝从京师出发,开始第五次南巡。扈从的有满族王公、蒙古王公台吉、直隶官员、回部郡王台吉、四川土司等。江南主要指长江三角洲地区,自古以来就是著名的鱼米之乡,经济和人文在全国均占据着十分重要的地位。乾隆帝将南巡作为他生平最重要的事功之一，蠲赋恩赏、巡视河工、观民察吏、加恩士绅、培植士族、阅兵祭陵等，却也开支浩繁、劳民伤财。可谓是有得有失、有利有害。

图 2 《乾隆南巡图》局部

1792 年（壬子年）鲁热·德·利尔创作《马赛曲》

《马赛曲》，原名为《莱茵军进行曲》，1792 年 4 月 24 日，由德·利尔在斯特拉斯堡首次演奏。这首歌当时成为奋起保卫祖国的法国人民的战歌，也是法国大革命期间最受群众喜爱、流行最广的自由的赞歌。1795 年 7 月 14 日被定为法国国歌。

图 3 法国凯旋门上的马赛曲浮雕

1816年（丙子年）嘉庆皇帝责令英国使臣回国

图4 嘉庆皇帝画像

清嘉庆二十一年（1816）七月初八，英国派遣使节亚墨尔斯等前来中国，在此期间英国使节拒绝行三跪九叩礼。嘉庆帝遂责令其回国，并告知英国国王，以后不必再派遣使节前来。将接待英国使节的工部尚书、镶红旗汉军都统苏楞额，理藩院尚书、镶白旗汉军都统和世泰，礼部尚书、镶黄旗汉军都统穆克登额等以误事之由给予降职处分。

1840年(庚子年)世界上第一张邮票黑便士发行

英国黑便士是世界上第一枚邮票，由邮票之父罗兰·希尔爵士发明设计，面值以便士计量，用黑色油墨印制，故称黑便士邮票。邮票图片是由威廉·韦恩精刻的1837年维多利亚女王登基时的侧面肖像纪念章作原图，由雕刻家希恩兄弟雕刻版模，帕金斯·信有限公司承印。黑便士邮票标志着世界近代邮政的产生，具有划时代的意义。

图5 黑便士邮票

图 6 敦煌藏经洞出土绢画

1900 年(庚子年)莫高窟藏经洞被发现

藏经洞是清光绪二十六年(1900)敦煌莫高窟道士王圆箓雇用敦煌贫士杨果在清理敦煌第16窟时发现的,洞内藏有从公元4世纪到公元14世纪的各种历史文本、绢画、刺绣等文物5万多件。这些珍贵文献用多种文字记载,有汉文、藏文、梵文、龟兹文、粟特文、突厥文、回鹘文、康居文等,其中佛书占敦煌汉文文献的90%左右。

1912 年(壬子年)清帝发布退位诏书

1912年2月12日,清朝末代皇帝——爱新觉罗·溥仪,颁布退位诏书,在中国历史上延续了两千多年的封建君主专制制度被推翻。清帝退位诏书是具有法律意义的重要文件,清帝退位诏书中“仍合满、汉、蒙、回、藏五族完全领土,为一大中华民国”,明确表明了中华民国继承清朝全部领土主权。该退位诏书的颁布挽救了中国,使其避免了陷入四分五裂的危机。退位诏书共三

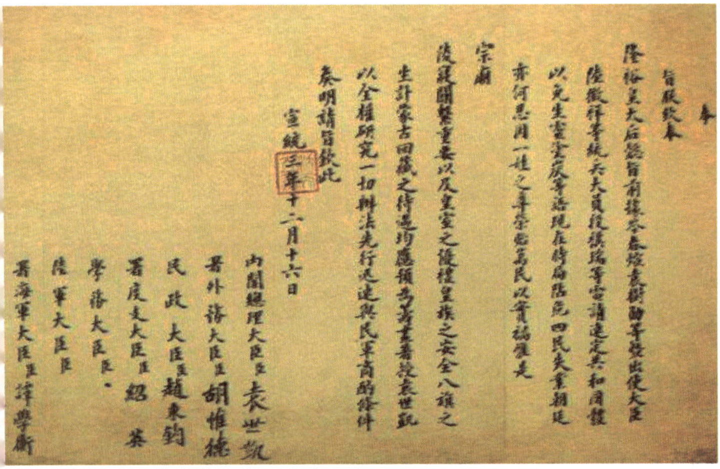
奉
旨依議欽奉
隆裕皇太后懿旨前據[illegible]出使大臣
陸徵祥等統兵大員段祺瑞等電請速定共和國體
以免生靈塗炭等語現在時局阽危四民失業朝廷
亦何忍因一姓之尊榮貽萬民以實禍[illegible]
宗廟
陵寢關繫重要以及皇室之優禮皇族之安全八旗之
生計蒙古回藏之待遇均應預為籌畫著設袁世凱
以全權研究一切辦法先行迅速與民軍商酌條件
奏明請旨欽此
宣統三年十二月十六日
內閣總理大臣臣袁世凱
署外務大臣臣胡惟德
民政大臣臣趙秉鈞
署度支大臣臣紹英
學務大臣臣
陸軍大臣臣
署海軍大臣臣譚學衡

图 7　清帝退位诏书

道，起草人为张謇。1975 年由原中国革命博物馆收藏，现保存在中国国家博物馆。

1924 年(甲子年)印度诗人泰戈尔访华

泰戈尔生于 1861 年，是印度著名作家、诗人和哲学家，也是亚洲第一位诺贝尔文学奖获得者。1924 年 4 月 12 日，泰戈尔应中国大学者梁启超、蔡元培之邀，来华讲学，抵达上海。张君劢、徐志摩、郑振铎、殷芝龄、刘湛恩等前往迎接。泰戈尔在访问中国时曾经说过："我相信，你们有一个伟大的将来。我相信，当你们国家站起来，把自己的精神表达出来的时候，亚洲也将有一个伟大的将来。"

图 8　泰戈尔访华

1936 年(丙子年)西安事变

1936 年 12 月 12 日张学良和杨虎城劝谏蒋介石将“攘外必先安内”的政策方向,改变为内求团结、外抗强敌,以达到停止内战、一致抗日的目的,而在西安发动“兵谏”。西安事变的和平解决为抗日民族统一战线的建立准备了必要的前提,成为由国内战争走向抗日民族战争的转折点,成为时局转换的枢纽。

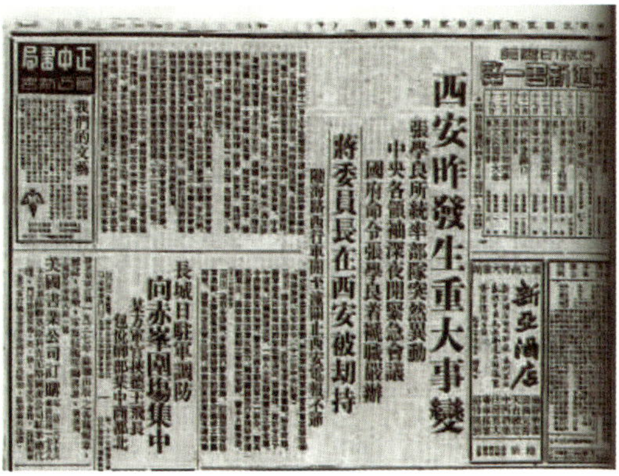
西安昨發生重大事變
張學良所統率部隊突然異動
中央各領袖深夜開緊急會議
國府命令張學良着褫職嚴辦
蔣委員長在西安被劫持
長城日駐軍調防
向赤峯圍場集中

图 9　刊登西安事变事件的报纸

1948 年(戊子年)《人民日报》创刊

1948 年 6 月 15 日《人民日报》在河北省邯郸市创刊,毛泽东同志亲笔为《人民日报》题写报名,《人民日报》由《晋察冀日报》和晋冀鲁豫的《人民日报》合并而成,为华北中央局机关报,同时担负党中央机关报职能。《人民日报》是一张权威、严肃的综合性日报,对弘扬中国历史和民族文化做出了贡献。1992 年,《人民日报》被

图 10　毛泽东亲笔为《人民日报》题写的报名

联合国教科文组织评为世界十大报纸之一。2018 年 3 月,获得第三届全国“百强报纸”。

1960 年(庚子年)中国登山队队员成功由珠峰北坡登顶

珠穆朗玛峰是世界最高峰,位于中国与尼泊尔交界处的喜马拉雅山脉中段，北坡在中国西藏自治区定日县境内，南坡在尼泊尔境内。1960 年 5 月 25 日中国登山队队员王富洲、贡布(藏族)、屈银华从北坡集体登上珠穆朗玛峰，创造了人类首次从北坡登顶珠峰的纪录，中国登山队队员打破了珠峰北坡“不可征服”的神话。

图 11 中国登山队队员(从左至右为:屈银华、贡布、王富洲)

1972 年(壬子年)美国总统尼克松访问中国

1972 年 2 月 21 日美国总统尼克松到达北京，对我国进行访问。此前,美国乒乓球代表团于 1971 年 4 月应邀访华,美国总统国家安全事务助理基辛格分别于 1971 年 7 月和 10 月两次访华。尼克松访华期间,毛泽东会见尼克松,周恩来同尼克松举行会谈。尼克松总统访华期间,中美双方在上海发表《联合公报》,标志两国关系正常化进程的开始。尼克松的这次访华,被称为历史性的破冰之旅。

1984 年(甲子年)中国夺得第一枚奥运会金牌

1984 年 7 月 28 日—8 月 12 日，中国体育代表团参加在美国洛杉矶举行的第 23 届奥运会，中国射击运动员许海峰为中国夺得第一块金牌，实现中国在奥林匹克运动会金牌榜上“0”的突破。这是 1979 年 11 月 26 日中国奥委会在国际奥委会中的合法权利得到恢复后，首次派体育代表团参加奥运会，在中国体育史上具有里程碑的意义，是中国体育事业的划时代事件。

图 12《许海峰小传》

1996 年(丙子年)世界第一只“克隆羊”多利诞生

克隆羊多利是世界上第一只用已经分化的成熟体细胞（乳腺细胞）克隆出的羊，被媒体称为世界上最著名的动物。这项研究不仅对胚胎学、发育遗传学、医学有重大意义，而且也有巨大的经济潜力。多利的诞生推动了“克隆”

图 13 “克隆羊”多利

这项生物技术的进一步发展，并且因此引发了公众对于克隆人的想象，所以它在受到赞誉的同时也引起了争议。

2008年(戊子年)第29届夏季奥林匹克运动会在北京成功举办

2008年8月8日—24日，第29届夏季奥林匹克运动会在北京成功举办。这是中国首次举办奥林匹克运动会，国际奥委会前主席萨马兰奇曾评价道："北京奥运会是所有奥运会中最好的一届奥运会。在未来应该很少有人可以做到这种程度。这不光是我个人的看法，同时也是绝大部分媒体和国际奥委会的官员们的看法。"

图14 2008年奥林匹克运动会会徽

二

属鼠名人

鲁肃（172—217）

中国东汉末年杰出战略家、外交家。字子敬，临淮东城(今安徽定远)人，出身士族。东汉末年，天下大乱，鲁肃率部众百余人跟随周瑜到东吴，受到孙权器重，与周瑜一道负责北方防务，对付曹操。他生性耿直、憨厚，顾大局、识大体，在东吴朝野享有较高声望。

图1 鲁肃

上官婉儿（664—710）

图2 上官婉儿

唐代女诗人。复姓上官，字婉儿，唐朝时期才女，中书令上官仪孙女，黄门侍郎上官庭芝之女。她明慧善文、晓达吏事、聪达敏识、才华无比，14岁时得到武则天赏识，负责为武则天掌管诏命工作，后被封为昭容。她曾建议扩大书馆，增设学士，并代朝廷品评天下诗文，后在唐玄宗政变时遇害。开元初年，唐玄宗曾命人将她的诗文结集，共有20卷。

郑成功(1624—1662)

明末清初军事家,抗清名将,民族英雄。初名森,字大木,福建泉州南安人,祖籍河南固始。曾率军在台湾南部登陆,1661 年攻克荷兰殖民者的巢穴赤嵌城(今安平)。次年,荷兰总督投降,台湾重归祖国。他在台湾建立行政机构,推行屯田,促进了当地的经济发展。现有《延平王集》行世。

图 3 郑成功

张廷玉 (1672—1755)

清朝杰出政治家,大学士张英次子。字衡臣,号研斋,安徽桐城人。清朝保和殿大学士、军机大臣、太子太保,封三等伯,为三朝元老,居官五十年。乾隆二十年(1755),卒于家中,享年八十四岁,谥号“文和”,配享太庙,是整个清朝唯一一个配享太庙的汉臣。张廷玉先后任《亲征平定朔北方略》纂修官,《省方盛典》《清圣祖实录》副总裁官,《明史》《四朝国史》《大清会典》《世宗实录》总裁官。

图 4 张廷玉

龚自珍(1792—1841)

图5 龚自珍

清代思想家、文学家。龚自珍又名巩祚，字璱人，号定庵，浙江仁和(今杭州)人。道光年间进士，曾任内阁中书、宗人府主事和礼部主事等官职。主张革除弊政，抵制外国侵略，曾全力支持林则徐禁除鸦片。学术上属于今文经学派，主张“经世致用”。政治上主张改革。诗作想象奇异、语言瑰丽，有“龚派”之称，留存文章300余篇，诗词近800首，其中《病梅馆记》《明良论》《己亥杂诗》等都是诗文名篇，后人将他的作品辑为《龚自珍全集》。

容闳(1828—1912)

中国近代著名的教育家、外交家和社会活动家。原名光照，号纯甫，英文名Yung Wing，广东省香山县南屏村(今珠海市南屏镇)人。容闳是第一个毕业于美国耶鲁大学的中国留学生，是中国留学生事业的先驱，被誉为“中国留学生之父”。曾参与维新运动。在中国近代西学东渐、戊戌变法和辛亥革命中，容闳都有不可磨灭的贡献。著有《西学东渐记》等书。

图6 容闳

齐白石（1864—1957）

图 7 齐白石

画家、篆刻家，世界文化名人。原名纯芝，字渭青，号兰亭，后改名璜，字濒生，号白石、白石山翁等，祖籍安徽宿州砀山，生于湖南长沙府湘潭（今湖南湘潭）。诗、书、画、篆刻，彪炳艺坛，创作融合传统写意画与民间绘画表现技法，独创新格。擅画花鸟虫鱼，亦工山水、人物。篆刻朴茂劲辣。代表作有《蛙声十里出山泉》《墨虾》等。著有《白石诗草》《白石老人自述》等。

顾维钧（1888—1985）

中国近现代外交家。字少川，汉族，江苏省嘉定县（今上海市嘉定区）人，毕业于美国哥伦比亚大学。1912 年回国后，任袁世凯总统英文秘书、内阁秘书、外务部顾问和宪法起草委员等职。后任中华民国国务总理，摄行大总统，国民政府驻法、英大使，联合国首席代表，驻美大使，海牙国际法院副院长，被誉为“民国第一外交家”。著有《顾维钧回忆录》《外国人

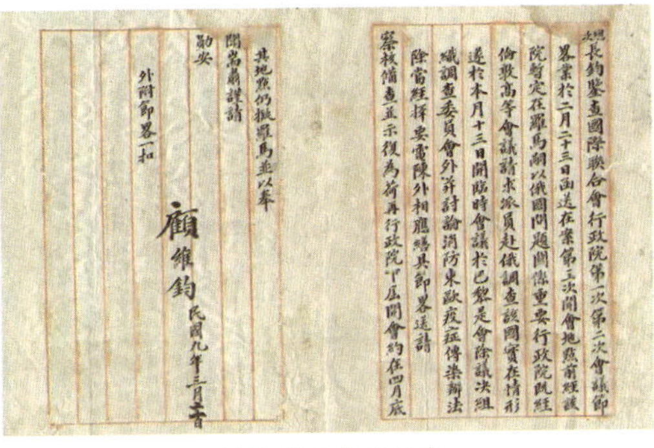
長鈞鑒查國際聯合會行政院第一次第二次會議節
畧業於二月二十三日函送在案第三次開會地點前經該
院暫定在羅馬嗣以俄國問題關係重要行政院既經
倫敦高等會議請求派員赴俄調查該國實在情形
遂於本月十三日開臨時會議於巴黎是會除議決組
織調查委員會外并討論消防東歐疫症傳染辦法
除當經擇要電陳外相應繕具節畧送請
察核備查並示復為荷再行政院下屆開會約在四月底
其地點仍擬羅馬並以奉
聞專肅謹請
勛安
外附節畧一扣
顧維鈞 民國九年三月廿一

图 8 顾维钧手写信

在中国之地位》《致国联李顿调查委员会备忘录》《门户开放政策》等。

冰心（1900—1999）

中国诗人，现代作家、翻译家、社会活动家、散文家。原名谢婉莹，福建省长乐市（今福州市长乐区）人，中国民主促进会成员。笔名冰心取自“一片冰心在玉壶”。她著作丰富，尤以散文著称。著有诗集《春水》《繁星》，儿童文学作品集有《小桔灯》《再寄小读者》《三寄小读者》等，文集有《冰心文集》，翻译作品有印度泰戈尔的《园丁集》《吉檀迦利》《泰戈尔剧作集》，黎巴嫩作家纪伯伦《先知》等。

图 9　冰心故居

黄永玉（1924— ）

中国画院院士，笔名黄杏槟、黄牛、牛夫子。祖籍为湖南省凤凰县，土家族人。中央美术学院教授。1978 年，英国《泰晤士报》为黄永玉先生作了专题报道；1980 年，香港美术家出版社出版了《黄永玉画集》；黄永玉的作品在德国、挪威、法国、日本及东南亚各国巡回展出，曾荣获意大利最高荣誉奖“司令勋章”；2014 年，黄永玉先生将自己的巨幅代表作《春江花月夜》和 20 世纪 50 年代为中国国家博物馆创作的《各族人民大团结》壁画的小稿赠予中国国家博物馆，丰富了中国国家博物馆对近现代美术经典作品的收藏。

图 10 黄永玉《十二个十二个月》

韩美林（1936— ）

中国当代艺术家。1936 年 12 月 26 日生于山东，国家一级美术师，清华大学美术学院教授，中央文史馆研究员。在绘画、书法、雕塑、陶瓷、设计乃至写作等诸多领域都有很高造诣，善于汲取中国两汉以前文化和民间艺术精髓并将其融合展现，成为具有现代审美理念和国际通行语汇的艺术作品，代表作品有巨型城市雕塑《迎风长啸》、2008 中奥会徽、2008 北京奥运会吉祥物福娃等，作品集有《山花烂漫》《美林》等。

图 11 2008 年奥运会吉祥物福娃

郎平（1960— ）

图 12 中国女排画报

前中国女子排球运动员，奥运冠军，现任中国女排总教练、中国排球学院院长、中国排球协会副主席。郎平所在的中国国家女子排球队是中国各体育团队中成绩突出的体育团队之一。曾在 1981 年和 1985 年世界杯、1982 年和 1986 年世锦赛、1984 年洛杉矶奥运会上夺得冠军，成为世界上第一个“五连冠”。2019 年 9 月，郎平率领中国女排获得女排世界杯冠军。

三

鼠年说鼠

鼠在地球上出现的时间，要远远早于人类。在安徽省安庆市潜山县，考古工作者发现了距今 5500 万年的鼠化石——东方晓鼠，这是目前已知世界上最古老的鼠。鼠从诞生至今，已在地球上生活了五六千万年，与人类二三百万年的历史相比较，“老鼠”确实很“老”。

图 1 东方晓鼠化石

对鼠的分类有广义和狭义之分。广义的鼠是指啮齿动物，其种类、形态、生活习性呈现多样化，分为地栖、树栖、半水栖等。鼠的品种不同，其特长也有所区别，跳跃、奔跑、攀援、滑翔、游泳、挖掘应有尽有。作为鼠类，它们的基本特征又存在一致性——无犬齿，都有一副凿形锋利的门齿，并终生生长，需不断磨咬，配合它特有的咀嚼功能。狭义的鼠，仅指鼠科。我们通常所说的“家鼠”就是鼠科中大家鼠属和小家鼠属，一般体型小，被毛灰色，吻尖，眼小，尾裸而有鳞片。

老鼠分布面积广，适应能力强。广阔天地的下水道、厕所、厨房、田间、草丛、屋檐等都能看到它们的踪迹。老鼠躯体较小，为它们无孔不入，到处安家提供了便利。在野外许多动物难以生存的环境，老鼠都能生存下来。老鼠还具有一些“出众”的小本领，比如钻比汽水瓶口还小的洞，沿几乎垂直的平面爬行，打洞穿墙，逆流游

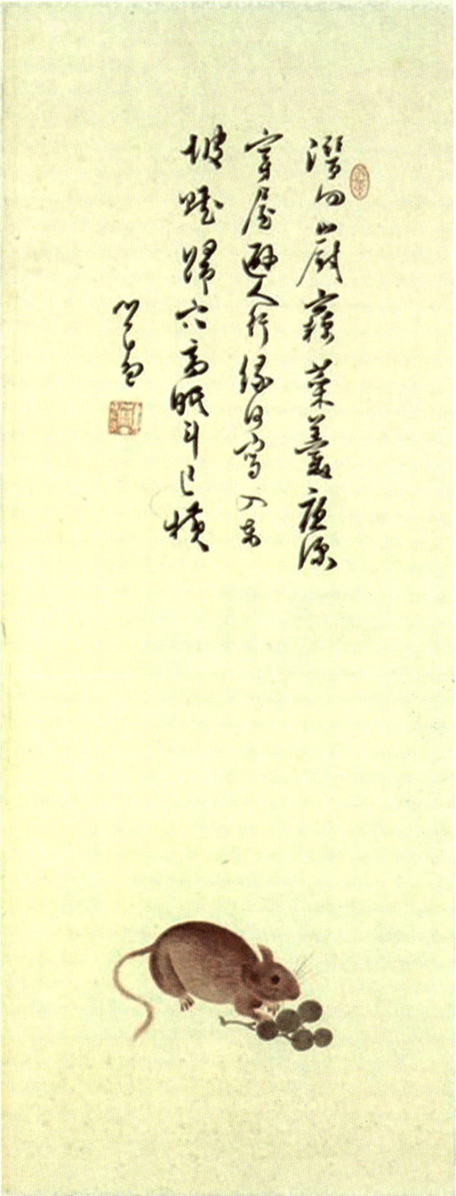

图 2 民国 溥儒《胭脂鼠》

泳,跳跃1米高的障碍物,15米高空坠落安然无恙,杀死体积比自己大1倍的猎物等。此外,老鼠还具有很强的抗辐射能力,在原子弹爆炸地存活下来的老鼠,不仅不会致残致畸,反而更加健康长寿。

老鼠拥有超强的繁殖能力。老鼠的性成熟早,出生几个月后就可开始繁殖。一年可繁殖数次,每次产仔10只左右。据研究,雌鼠体内含有一种独特的化学物质,能够刺激雄鼠永远拜倒在它的“石榴裙”下。仅一只雌鼠就可以为老鼠家族“添丁”上千只!老鼠的天敌有猫、黄鼬、狐狸、鹰、猫头鹰、蛇等肉食性动物。尤其黄鼬和猫头鹰,虽然一年可食数百只鼠,但是因为这些天敌的繁殖力远低于鼠,所以世界上的老鼠数量仍然可观。据学者统计,仅仅印度就有50亿只老鼠,地球上的老鼠大约有200亿只。

图3 明 朱瞻基《苦瓜鼠图》

图 4 清 水晶鼠

2020 年是中国农历的鼠年即庚子年。鼠为十二生肖之首，与十二地支相配，故称子鼠。民间有敬奉子神的习俗，老鼠繁殖力强，古人祈求生命繁衍、子孙兴旺，于是，便产生敬奉子鼠的多子多福的生育观。且我们常把尊敬之人称为老者，像老师、老前辈、老人家等等，为什么要冠个“老”字呢？李时珍在《本草纲目》中有曾说道：“此即人家常鼠也。以其尖喙善穴，故南阳人谓之 鼠。其寿最长，故俗称老鼠。其性疑而不果，故曰首鼠。岭南人食而讳之，谓为家鹿。鼠字篆文，象其头、齿、腹、尾之形。”老鼠是不离人类左右的伴生动物，所以，历代均有学者为之撰写文章、题诗作赋。著名的包括春秋《诗经》中的《硕鼠》，《诗经·硕鼠》云：“硕鼠硕鼠，无食我黍。三岁贯女，莫我肯顾。逝将去

图 5 民国 溥儒《猫鼠墨戏》

女，适彼乐土。乐土乐土，爰得我所。”大田鼠呀大田鼠，不许吃我种的粮食！多年辛勤伺候你，你却对我不照顾。发誓定要摆脱你，去那乐土有幸福。那乐土啊那乐土，才是我的好去处！

四

人鼠之缘

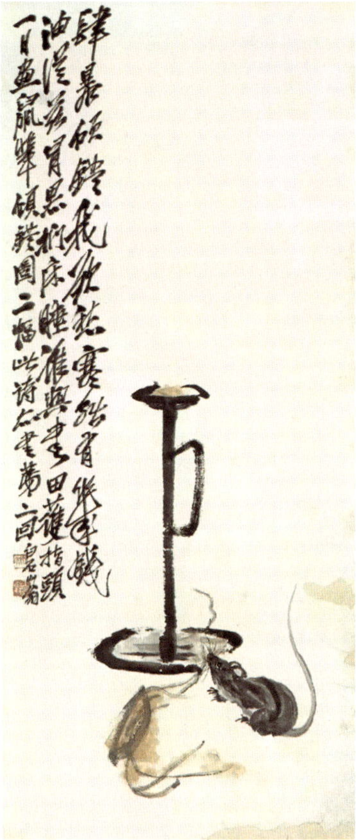
图 1 齐白石《灯油鼠》

“小老鼠，上灯台。偷油吃，下不来。叫它娘，娘不来，滴溜骨碌滑下来。”我国数千年的历史，积淀了深厚的文化，细细数起，有不少跟鼠有关的神话传说、民间故事，也衍生出许多民俗事象。人鼠之缘，息息相关。在很早以前，我们的远古先民就发现了老鼠拥有强大的繁殖能力，有些氏族部落就把老鼠当作部族图腾，并以自己是老鼠的后代而自豪。这是因为古代人类适应自然能力非常有限，只有后代繁盛才能保证人类的生存。因此鼠被奉为“子神”，表现了人们对多子多孙的羡慕向往。

我们中国人对老鼠的感情可不一般。老鼠的灵性不止于聪明，它还能“咬天开”，引导人升入极乐世界！ 1979 年至 1981 年，在发掘山西太原北齐武平元年(570)东安郡王娄睿墓时，发现在墓堂顶部与上中栏处绘有星图、十二生肖、雷公、电母等壁画。其中十二生肖图为首见。它位于墓室上栏一周，按正北为鼠，正东为兔顺序排列，高 1 米，长 4.3 米，仅残留鼠、牛、虎、兔。墓中的壁画以祥瑞与天象为内容，用于厌胜、驱邪，并引导墓主人灵魂升天。壁画中的鼠是以子神的面目出现的，同样扮演着辟邪、纳吉、引魂的角色。这种老鼠老大的哲学，实在让现代人感到陌

图2 清 姚文瀚《多闻天王像》

局部图

生，却是古人心灵史的一部分。

在民间，老鼠还被奉为“财神”，是富裕的象征。清代学者薛福成在《庸盦笔记》中说：“北方人以狐、蛇、猬、鼠及黄鼠狼五物为财神。民家见此五者，不敢触犯，故有五显财神庙。南方亦间有之。”天津一带更是有鼠、猬驮宝的年节活动，用面粉蒸制老鼠和刺猬背上驮着元宝的食物，祈盼发财致富。《菜根谭》也提到有“为鼠常留饭，怜蛾不点灯”的教诲。

图 3 “老鼠嫁女”年画

在我国还有一种民间习俗，被称作“老鼠嫁女”。在江南一带的民间传说中，在旧历年三十夜将老鼠“嫁”出去，可以确保来年平安吉祥。因此“老鼠嫁女”“老鼠娶亲”的年画和剪纸在我国民间被视为“吉祥物”，每逢过年过节都会贴在墙上。湖南资兴一带有在屋角、过道遍插蜡烛的习俗，意思是帮老鼠把娶亲途经之路照得通亮。

湖北江汉平原一带将小年夜看作老鼠嫁女日，俗称“鼠添箱”。这一天，家家要将插上花的面饼放在暗处，大人小孩不准喧哗，不能惊动了老鼠，以免老鼠来年来家里捣乱。

青海的一些地区有“蒸瞎老鼠”的习俗。每年的农历正月十四日，家家都会用面捏成十二只没有眼睛的瞎老鼠，用蒸笼蒸熟，等

图4　清　白玉鼠

到元宵节时摆上供桌，乞求老鼠瞎眼，在新的一年只食草根，勿伤庄稼，以保本年丰收。

而在北方，“老鼠嫁女”则是在正月二十五的那天晚上。在这天夜里，家家户户不点灯，全家人坐在炕头上，一声不响，只是摸黑吃着用面粉做成的“老鼠爪爪”“蝎子尾巴”和炒大豆。不点灯、不出声是为老鼠嫁女提供方便，生怕惊扰了娶亲喜事。吃“老鼠爪爪”表示人们期望老鼠的爪子发痒，好早些起来行动；吃“蝎子尾巴”即是为了老鼠嫁女出洞时不会受到蝎子伤害；吃炒大豆发出嘎嘣的脆响，是给老鼠嫁女放鞭炮。

东北矿工尊老鼠为“鼠仙”，忌讳捕鼠，且在井下吃饭的时候要分点饭菜喂老鼠，感恩老鼠对灾祸的敏感，以求“鼠仙”保佑平安。

陕西一带有送鼠蹄的婚俗。婚礼前日，男方要将鼠肉、鼠蹄，作为“礼吊”送给女方，女方只将“礼吊”中的鼠肉留下，将鼠的前蹄退给男方。待到婚后第二天，新婚夫妻要带双份挂面和鼠的后蹄回娘家，娘家只留下挂面，将后蹄退回，俗称“蹄蹄来，蹄蹄去”，表示今后两家要经常联系，往来密切。

图 5 民国 白釉彩绘鼠纹小盘

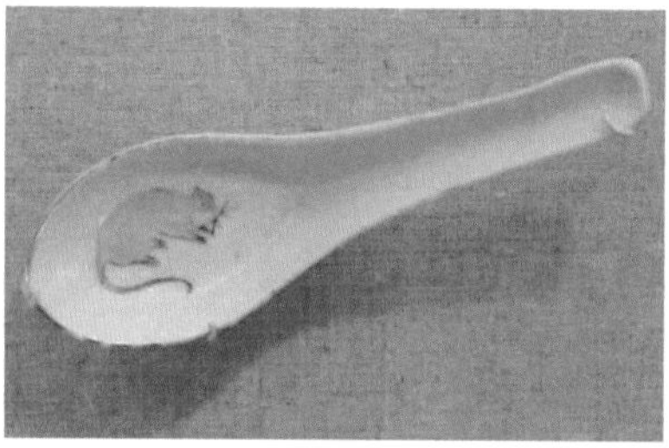

图 8 民国 白釉彩绘瓷勺

除了上述人们与老鼠有关的各种民间风俗之外，在日新月异的现代社会人鼠之缘仍旧处处缠绵，老鼠为人类也做出了许多贡献，其中最大贡献当属医学贡献，许多医学成就的问世，都离不开小白鼠的帮助。随着经济社会的发展，可爱机敏的宠物仓鼠也风靡起来，成为不少人的爱宠，为我们的生活平添一份乐趣和温暖。而且老鼠因自身的繁殖能力强，具有较大的经济价值，鼠肉目前常作为食物饲料进行使用。在精神世界上，老鼠也为我们衍生出了许多优秀的文艺作品，如《猫和老鼠》《米老鼠》《舒克和贝塔》《黑猫警长》等动画片，《谁动了我的奶酪》《致老鼠》等文学作品以及其他书法绘画作品等。人类与老鼠既长期斗争又和谐共处。老鼠作为自然界生物链不可缺少的一环，为生态系统做出了不小的贡献。在人与自然和谐相处的现代社会，人与自然及其他动物包括老鼠更应当和谐共处，保持生态平衡。

五

文字与鼠

“鼠”字演变

图 1 甲骨碎片

汉字不是世界上最早出现的文字，却是数千年来一直没有中断的文字。古巴比伦楔形文字、古埃及象形文字、古印度文字和印第安人玛雅文字等古文字随着时间的发展，都已经消失了，仅有汉字延续至今。有学者总结，汉字的造型方式有六种，即“汉字六书”：象形、指示、形声、会意、转注和假借。其中象形是指用文字的线条或笔画，把要表达的物体外形特征，具体地勾画出来。汉字“鼠”头部像锐利的鼠牙，下部像鼠足，有脊背和尾巴的形状，是典型的象形文字。东汉古文字学者许慎在《说文解字》中描述道：“鼠，穴虫之总名也。象形。凡鼠之属皆从鼠。”意思是说：“鼠，穴居虫蛇的总称。象形字。所有与鼠相关的字，都采用‘鼠’做边旁”。

图 2 “鼠”字的演变

图 3 甲骨碎片

随着中国文字的发展，象形的“鼠”字，经历甲、金、篆、隶、楷的演变，变化不少。甲骨文是中国最古老的文字，在甲骨文中，已经有“鼠”字的形象。甲骨文中的“鼠”像一只小老鼠张着嘴在咬东西，它尖嘴、大耳、长尾，脚边还表示出其啮碎的物屑。这说明古人对于老鼠的认识相当早，老鼠与人类的生活密切相关。金文中的“鼠”则更突出了老鼠的利齿、爪子和长尾。篆文“鼠”字承续了金文的字形，且已趋向符号线条化。上部的“臼”表示口小便于隐蔽的洞穴，下部则表示老鼠的腹部、利爪和细长的尾巴。隶书的“鼠”字是在小篆的基础上演变来的，“鼠”头变成方形，“鼠”脚和“鼠”尾还有点象形，但鼠的形象已不明显了。直到隶化后的楷书才渐渐淡化了鼠的长尾形象，这也是今天所用的“鼠”字。

书法与鼠

书法是汉字的书写艺术，是中华民族传统文化的瑰宝，承载着中华文化的深厚内蕴，荟萃了中华民族文化的精髓，与中华民族的内在生命、精神血脉相连。随着中国历史不断发展前进，每个历史阶段都有着不同的书法习惯和风格的诞生。书法因其独特的雄浑之美使迁客骚人为之醉心，深受文人墨客的青睐。让我们从草书、楷书、行书与隶书分别感受一下来自“鼠”字的书法作品的独特魅力。

篆书“鼠”字，笔法瘦劲挺拔，形体均匀齐整，有浑厚宏伟之气。

图 4 名家篆书“鼠”字欣赏

隶书“鼠”字，字形宽扁，横画长而竖画短，犹如“蚕头雁尾”，一波三折。

邓石如　　马王堆帛书　　隶辨

图 5　名家隶书“鼠”字欣赏

楷书“鼠”字，形体方正，笔画平直，整齐而不呆板拘谨。

颜真卿　　石经《尔雅》

图 6　名家楷书“鼠”字欣赏

行书“鼠”字，放纵流动，雄强俊秀，字体如行云流水却又飘逸易识，彰显了行书特有的艺术表现力。

赵孟頫　　王铎　　苏轼　　米芾　　黄道周　　赵佶

图 7　名家行书“鼠”字欣赏

草书“鼠”字，动静结合，以动取胜，字体形态生动活泼且富有生命力。

赵子昂　　徐伯清　　王羲之　　毛泽东　　李怀林　　敬世江

图 8　名家草书“鼠”字欣赏

六

趣味说鼠

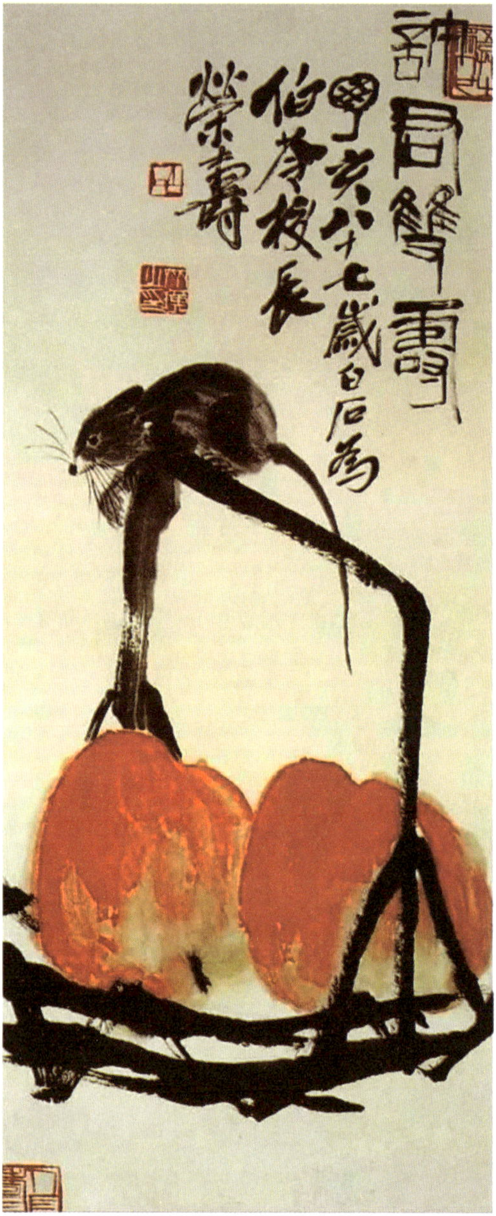

图 1 齐白石《双寿图》

成语说鼠

城狐社鼠：以城墙为窝的狐狸，以土地庙为窝的老鼠。比喻依仗权势作恶的小人。

虫臂鼠肝：本指形体大的人亦可化为小物。比喻极微小而无价值的东西。

官仓老鼠：放公粮地方的老鼠。比喻有所依恃的恶人。

狗头鼠脑：忠诚的嘴脸，心里爱耍小聪明。比喻奴才相。

孤雏腐鼠：孤独的雏鸟，腐烂的老鼠。比喻微贱而不值得一说的人或事物。

狐凭鼠伏：像狐狸、老鼠那样潜伏在里面。比喻小人失势，因胆怯而到处藏匿。

掘室求鼠：挖坏房子捉老鼠。比喻因小失大。

两鼠斗穴：比喻敌对双方在地势险狭的地方相遇，只有勇往直前才能获胜。

罗雀掘鼠：原指张网捉麻雀、挖洞捉老鼠来充饥的窘困情况。比喻财物缺乏时，用尽一切方法筹措款项。

猫鼠同眠：猫同老鼠睡在一起。比喻官吏失职，包庇下属干坏事。也比喻上下一气，狼狈为奸。

貊乡鼠攘：旧指民风浇薄、宵小横行的地区。

穷鼠啮狸：无路可逃的老鼠也会咬猫。比喻受人欺压，虽然敌不过，也会拼死抵抗。

首鼠两端：老鼠心性多疑，出洞时一进一退，拿不定主意。形容做事在两者之间犹豫不决动摇不定。

鼠入牛角：未来的路越走越窄，没有前景；能力和作为江河日下，比喻势力愈来愈小。

十鼠同穴：许多老鼠共同穴居在一个洞里。比喻许多坏人聚在一起互相争斗。

投鼠忌器：想用东西打老鼠，又怕打坏了近旁的器物。比喻做事有顾忌，不敢放手去做。

图2 齐白石《两鼠斗穴》

梧鼠技穷：比喻才能有限。后用以比喻技能虽多，如果不精而无专长则仍无济于事。

相鼠有皮：看看老鼠尚且还有皮。旧指人须知廉耻，要讲礼义。

偃鼠饮河：田鼠到河边喝水，一会儿就喝饱了。形容胃口不大，要求不高。

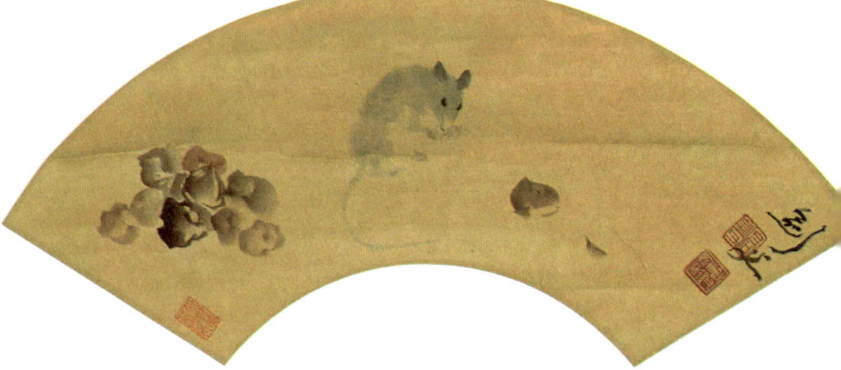

图3 高剑父《鼠趣》

谚语说鼠

图4 生肖鼠石刻壁画

钻石虽小，能穿瓷器；麦垛虽大，压鼠不死。

会捉老鼠的猫儿不叫。

一猫龙，二猫虎，三猫捉老鼠。

家内无猫，老鼠踩脚。

满屋老鼠跑，必定有窟窿。

老鼠爱打洞，坏人爱钻孔。

一粒老鼠屎，坏了一锅粥。

耗子还存三分粮。

粮头不俭，粮尾喊饭。

耗子钻牛角，越钻越深。

苍蝇找烘缸，老鼠找米仓。

灯谜说鼠

尖嘴尖牙齿，留着小胡子，贼头又贼脑，夜里干坏事。(打一动物)　　谜底：老鼠

嘴尖尾巴长，偷油又偷粮，白天洞里躲，夜晚出来忙。(打一动物)　　谜底：老鼠

眼睛不大，细长尾巴，以偷为生，谁见谁打。(打一动物)

谜底：老鼠

嘴尖尖，尾巴长，我到南园去偷粮，家里抛下儿和女，不知回乡不回乡。（打一动物） 谜底：老鼠

有墓无墓头，子孙代代做贼头，遇见花公子，吓得屎尿流。（打一动物） 谜底：老鼠

眼睛圆溜溜，贼头又贼脑，一头钻进洞，猫叫不出来。（打一动物） 谜底：老鼠

歇后语说鼠

老鼠过街——人人喊打

狮子捉老鼠——大材小用

老鼠舔着猫屁股——好险

图5 徐悲鸿《十二生肖鼠》

汤泼老鼠——一个也跑不了

老鼠爬进书箱里——咬文嚼字

鼠摆尾巴——小玩意儿

老鼠爬秤杆——自满自足

耗子吃猫——自不量力

老鼠跌在米桶里——求之不得

老鼠陪猫睡觉——胆大包天

仓老鼠向老鸦借粮——守着的没有，飞着的倒有

猫哭耗子——假慈悲

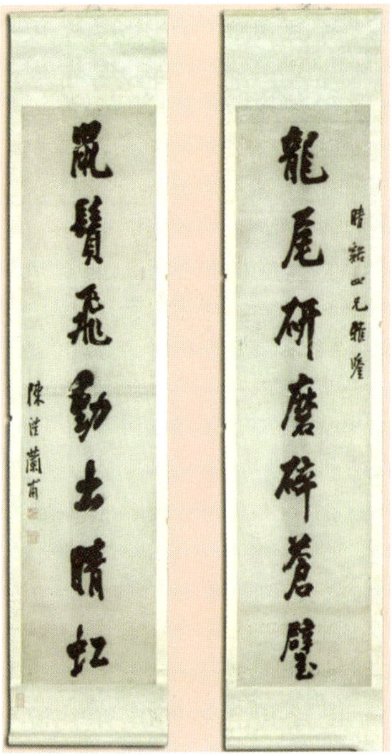

图6 清 陈澧行书七言联

对联说鼠

银花万簇迎金鼠，火树千株展玉龙。
绿酒添香甲子岁，雪花献瑞大丰年。

灵鼠迎春春色好，金鸡报晓晓光新。
春鼓频敲鼠嫁女，秧歌竞扭喜盈门。

碧野青蛙叫，黄山松鼠鸣。
丙辉觇瑞应，子庶庆丰登。

苍松随岁古，子鼠与年新。
春潮传喜讯，鼠岁报佳音。

春风拂绿柳，灵鼠跳松青。
春燕鸣暖树，金鼠跳青松。

豕去呈丰稔，鼠来报吉祥。
豕去春无限，鼠来岁有余。

图7 唐 十二生肖陶俑

七

文学作品与鼠

寓言故事说鼠

桎狗取鼠

齐国有个人善于分辨狗的优劣。他的邻居请他找一只会捉老鼠的狗。过了一年，这人找到一只好狗，说："这可是一条会捕猎的好狗呀！"邻居把狗养了好几年，可这只狗却不捉老鼠。他把这个情况告诉了那个善于分辨狗的人。那个善于分辨狗的人说："这的确是一只好狗呀，它想捕捉的是獐、麋、猪、鹿这类野兽，而不是老鼠。如果你想让它捉老鼠的话，就得把它的后腿拴起来。"这个邻居果真把狗的后腿拴住了，这狗才捉起老鼠来。

这个寓言出自《吕氏春秋·士容》，寓意是：有了人才如果不善于使用，就不能发挥他们的作用。

永某氏之鼠

永州有某氏，对于日辰禁忌拘泥且畏惧得特别厉害。他认为自己出生时恰逢鼠年，而鼠是子年的神灵，因此他对老鼠特别爱护。他家里不养猫狗，还禁止仆人捕打老鼠，粮仓、厨房任由老鼠糟蹋，全不过问。

因此老鼠们互相转告全到某氏家里来，吃得饱饱的而没有任何忧患。某氏的家里没有一件家具是

图 1　西周　玉鼠

完整的，衣架上的衣服也没有一件是完好的，平时吃喝的大都是老鼠吃剩的东西。白天满地的老鼠成群结队跟人们并行，一到夜晚，偷东西、啃咬、争斗打闹，弄出各种各样的响声，使人不能安睡。某氏始终不感到讨厌。

几年后，某氏迁移到别的州县去了。这栋房子迎来了它的新主人。老鼠们猖狂肆虐仍像从前一样。新主人说："老鼠是在阴暗处活动的坏东西，却偷盗打闹得如此厉害，为什么竟会达到这种地步呢？"于是他借来五六只猫，把门关上，撤去瓦片，用水灌浇老鼠的洞穴，雇佣童仆围捕老鼠。杀死的老鼠堆积起来像小山一样，把它们扔到隐蔽处，臭味几个月后才消失。唉，老鼠们还以为自己吃得很饱而又太平无事的日子可以长久下去呢！

这个寓言出自《柳河东集·三戒·永某氏之鼠》，寓意是：对坏人坏事，不能包庇纵容，姑息养奸；必须彻底揭发，坚决斗争。

田鼠与家鼠

田鼠与家鼠是好朋友，家鼠受到田鼠邀请，去田鼠所在的乡下田间游玩。家鼠一边吃着大麦与谷子，一边对田鼠说："朋友啊，你可知道，你这是过着蚂蚁一般的生活，我那里有很多好东西，去与我一起享受吧！"田鼠跟随家鼠来到城里，田鼠看到除了豆子和谷子，这里还有红枣、干酪、蜂蜜、果子。

图2 老鼠玉米砚滴

田鼠看得目瞪口呆,大为惊讶,称赞不已,并悲叹自己的命运。可是正当它们准备开始吃的时候,有人打开了门,胆小的家鼠一听声响,害怕得赶紧钻进了鼠洞。等家鼠想出去拿干酪时,又有人进屋里拿东西,它吓得立刻又钻回了洞里。这时,田鼠也顾不上饥饿,战战兢兢地对家鼠说:“朋友,再见吧!你自己尽情地去吃,担惊受怕地享受这些好吃的东西吧。可怜的我还是去啃那些大麦和谷子,平平安安地去过你看不起的普通生活。”

这个寓言出自《伊索寓言》,寓意是:任何事情不能只看表面现象,看似光鲜的外表说不定有着不能诉说的心酸。做人要脚踏实地,哪怕过的是简单平稳的生活,也不要去享受充满惊吓的欢乐生活。

狮子与报恩的老鼠

狮子睡着了,忽然,有只老鼠跳到了它的身上。狮子猛然站起来,把老鼠抓住,准备吃掉。老鼠大呼饶命,并承诺狮子:“如果你不吃我,我以后一定会报答你的。”狮子轻蔑地笑了笑,不以为然,但还是把老鼠放走了。不久之后,狮子被一个猎人抓获,猎人用绳索把狮子捆在一棵树上。老鼠听到了狮子的哀号,迅速跑过去把狮子身上的绳索咬断,放走了狮子。狮子真的被老鼠救了性命。老鼠说:

图3 清 青白玉鼠

“你当时嘲笑我,不相信我能报答你,其实,老鼠也能报恩。”

这个寓言出自《伊索寓言》,寓意是:时运交替变更,强者也会有需要弱者的时候。

民间故事说鼠

鼠画逼真

(南宋) 曾敏行《独醒杂志》

图 4 汉 灰陶鼠

东安有一个读书人善于作画,画了一幅鼠图,送给县令。县令起初不懂得爱惜它,把这幅画随意地挂在墙上。每天早晨经过挂画的地方,那幅画总是落在地上,挂几次落几次。县令对这种情况感到很奇怪,有一天黎明时候,县令发现画落在地上,而有一只猫蹲在画的旁边。等到县令把画拿起来,猫就跳起来追赶那幅鼠画。于是县令就用这幅画来试许多的猫,没有一只猫不是这样。于是县令才知道这幅画上的老鼠画得竟如此逼真,连猫都分不出真假。

原来是老鼠

(清) 袁枚《子不语》

湖北省汉阳有一个进士崔君,他家里有上百间房子。他一个人住在楼上。有一天夜里,他刚要睡着,只听见隔壁屋子里“咚”的一声。崔君一惊,困劲全跑了。再一听,又听见拍桌子、捶椅子的声音,

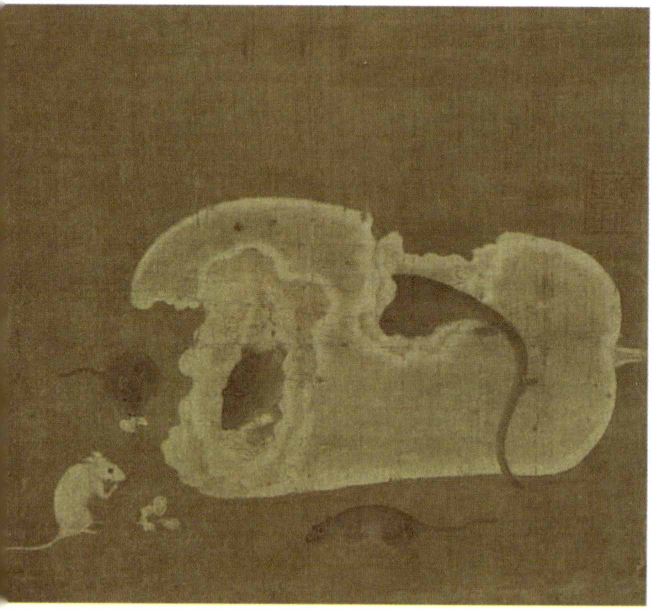
图 5　宋 钱选《苦瓜鼠图》

接着，又好像听到有人在屋里走动的声音。过了一会儿，那走动的声音由上而下，像是在下楼梯，下一级，响一下。崔君越听越怕，吓得头发都竖起来了，拍着床大声喊："来人哪！快来人哪！"家仆听到主人喊叫，全都跑上楼来。大家打着火把，到处巡视，每个房间全看了一遍，可是，什么也没有发现。大家奇怪极了，都说八成是闹鬼吧。

第二天，崔君派人请来法师，又是念经，又是画符，闹腾了半个月。可是，到了晚上，声音照旧。这样一来，整个汉阳城都传说着崔君家里闹鬼的事。从此，整座楼都没人敢住了。

崔君家有一个戏班子，其中有几个胆大的年轻人，想看看妖怪到底是什么模样。夜深了，周围一片寂静，四个人正等得不耐烦的时候，突然一只大老鼠从神龛上跳了下来。这只老鼠尾巴特别大，像个小棒槌，敲打得桌子咚咚直响。四个人一齐追了过去。这只老鼠因为尾巴大，动作迟缓，很快就被四个人捉住了。大家细看老鼠的尾巴，原来是老鼠总用尾巴蘸油偷吃，上面凝结了厚厚的一层灰尘，足有一斤重，这样老鼠跳桌子，上椅子，下楼梯，就会发出各种不同的声响来。到这时候，大家才恍然大悟：原来半个月来的妖怪，就是这只大老鼠啊！

大鼠

（清）蒲松龄《聊斋志异》

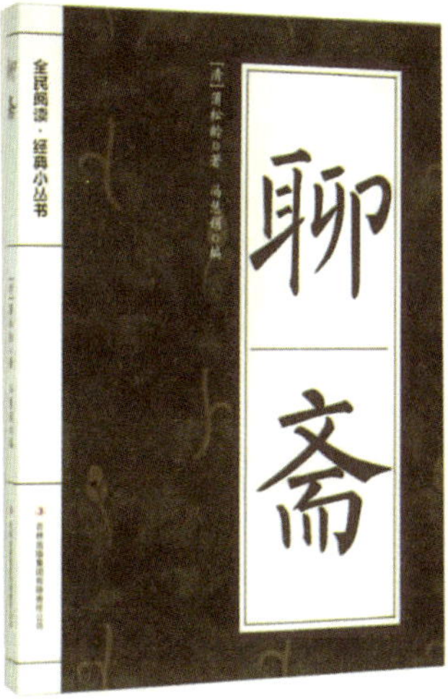

图 6《聊斋》

明朝万历年间，皇宫出现了老鼠，大小和猫差不多，为害极为严重。皇家遍寻民间好猫来捕捉老鼠，却都被老鼠吃掉了。恰好有外国来进贡狮猫，这猫浑身毛色雪白。于是，侍从把狮猫放进有老鼠的屋子，关上窗户，偷偷观察。只见猫蹲在地上很长时间，老鼠从洞中不慌不忙地爬出来，见到猫之后愤怒地向狮猫奔过来。狮猫避开老鼠跳到桌子上，老鼠紧跟着也跳到桌子上，随后，猫就跳下来。如此跳上跳下，不少于一百次。见此情形，大家都说猫胆怯，认为狮猫是一只没有能力捕捉大老鼠的猫。过了一会儿，老鼠跳跃的动作渐渐迟缓，肥硕的肚皮看上去好像在喘气，它蹲在地上稍稍休息。此时，只见狮猫快速跳下桌子，用爪子抓住了老鼠头顶上的毛，用嘴咬住了老鼠的脖子，猫鼠辗转往复地争斗，猫呜呜地叫，老鼠啾啾地呻吟。侍从急忙打开窗户查看，大老鼠的脑袋已经被狮猫嚼碎了。大家这才明白，狮猫最初躲避大老鼠并不是害怕，而是等待它疲乏松懈的时候一击致命。正所谓："敌人出击我便退回，敌人退下我又出来。"狮猫使用的就是这种智谋呀。唉！那种不用智谋，单凭个人血气的小勇之人，和这只大鼠又有什么不同呢？

诗词说鼠

相鼠

《诗经·鄘风》

相鼠有皮，人而无仪！人而无仪，不死何为？

相鼠有齿，人而无止！人而无止，不死何俟？

相鼠有体，人而无礼！人而无礼，胡不遄死？

硕鼠

《诗经·魏风》

硕鼠硕鼠，无食我黍！三岁贯女，莫我肯顾。逝将去女，适彼乐土。乐土乐土，爰得我所？

硕鼠硕鼠，无食我麦！三岁贯女，莫我肯德。逝将去女，适彼乐国。乐国乐国，爰得我直？

硕鼠硕鼠，无食我苗！三岁贯女，莫我肯劳。逝将去女，适彼乐郊。乐郊乐郊，谁之永号？

图7 宋 钱选《莲实三鼠》

官仓鼠

（唐）曹邺

官仓老鼠大如斗，见人开仓亦不走。

健儿无粮百姓饥，谁遣朝朝入君口？

酬苗员外仲夏归郊居遇雨见寄

（唐）卢纶

雷响风仍急，人归鸟亦还。
乱云方至水，骤雨已喧山。
田鼠依林上，池鱼戏草间。
因兹屏埃雾，一咏一开颜。

远别离

（唐）李白

远别离，古有皇英之二女，乃在洞庭之南，潇湘之浦。
海水直下万里深，谁人不言此离苦？
日惨惨兮云冥冥，猩猩啼烟兮鬼啸雨。
我纵言之将何补？
皇穹窃恐不照余之忠诚，雷凭凭兮欲吼怒。
尧舜当之亦禅禹，君失臣兮龙为鱼，
权归臣兮鼠变虎。
或云尧幽囚，舜野死。
九疑联绵皆相似，重瞳孤坟竟何是？
帝子泣兮绿云间，随风波兮去无还。
恸哭兮远望，见苍梧之深山。
苍梧山崩湘水绝，竹上之泪乃可灭。

图 10 金 四鼠葡萄铜镜拓片

黑潭龙（疾贪吏也）

（唐）白居易

黑潭水深黑如墨，传有神龙人不识。
潭上架屋官立祠，龙不能神人神之。

丰凶水旱与疾疫，乡里皆言龙所为。
家家养豚漉清酒，朝祈暮赛依巫口。
神之来兮风飘飘，纸钱动兮锦伞摇。
神之去兮风亦静，香火灭兮杯盘冷。
肉堆潭岸石，酒泼庙前草。
不知龙神享几多，林鼠山狐长醉饱。
狐何幸，豚何辜，年年杀豚将喂狐。
狐假龙神食豚尽，九重泉底龙知无。

鼠败书

（宋）陆游

云归雨亦止，鸦起窗既白。秋宵未为永，不寐如岁隔。

图9 明 鼠钮铜印

平明亟不榻，亦未暇冠帻。检校案上书，狼藉鼠啮迹。
食箪与果笾，攘取初不责。侈然敢四出，乃至暴方册。
坐令汉箧亡，不减秦火厄。向能畜一猫，狡穴讵弗获？
缄縢又荡然，追咎亦何益。惰偷当自戒，鼠辈安足磔。

狐鼠

（宋）洪咨夔

狐鼠擅一窟，虎蛇行九逵。
不论天有眼，但管地无皮。
吏鹜肥如瓠，民鱼烂欲糜。
交征谁敢问，空想素丝诗。

同谢师厚宿胥氏书斋闻鼠甚患之

（宋）梅尧臣

灯青人已眠，饥鼠稍出穴。
掀翻盘盂响，惊聒梦寐辍。
唯愁几砚扑，又恐架书啮。
痴儿效猫鸣，此计诚已拙。

猫捕鼠

（宋）罗大经

陋室偏遭黠鼠欺，狸奴虽小策勋奇。
扼喉莫讶无遗力，应记当年骨醉时。

小说戏曲说鼠

小说经典

中国古代小说从明清开始才得到发展，其中也有少量与鼠有关的故事。如《西游记》第81—83回写陷空山无底洞的老鼠精变成美女，把唐僧摄去，欲强迫成亲。想吃唐僧肉的妖精不少，但是仅仅是想与唐僧成亲的妖精还是西天路上唯一的一个。悟空三次进洞降妖救师都未成，偶然之间发现女妖是托塔李天王的义女。悟空于是上天庭告状，玉帝命李天王和哪吒三太子随着悟空去擒妖。悟空第四次进无底洞，在天王父子的配合下，终于捉住了老鼠精。故事曲折生动，是民间鼠婚故事的发展。《聊斋志异》中的《阿纤》篇是写人鼠恋爱。阿纤秀外惠中的品格打动了三郎，结为夫妻。却遭到大哥的猜忌，于是愤而离家出走。却在三郎堂弟的帮助下，与三郎破镜重圆，并帮助三郎过上了富裕的日子。日子过好之后的阿纤以德报怨，经常帮助大哥。故事中的阿纤有情有义，让人心生敬佩。《水浒传》中的白日鼠白胜是智取生辰纲的“七星聚义”豪杰之一，几乎参与了梁山的所有重要行动，列为梁山108好汉之一。《镜花缘》中百花仙子眼中的小老鼠“最令人喷饭”，“又要舞，又怕猫，躲躲藏藏，贼头贼脑，任他装出斯文样子，终失不了偷油的身分”，机敏可爱无比。

戏剧经典 《五鼠闹东京》

自古流传下来的关于鼠的戏剧艺术很多，《五鼠闹东京》的戏剧就是与鼠有关的一个皆大欢喜的历史故事。

图10 五鼠闹东京

宋仁宗时期，江湖上有著名的“三侠五义”。其中“五义”又称“五鼠”，由钻天鼠卢方、彻地鼠韩彰、穿山鼠徐庆、翻江鼠蒋平、锦毛鼠白玉堂组成。而三侠中的南侠展昭曾被宋仁宗赐号“御猫”，并封为御前四品带刀护卫，在开封府包大人手下当差。

“鼠猫”虽同为侠道中人，但因绰号相克而心存芥蒂。五鼠之一的锦毛鼠白玉堂离开陷空岛，上京找展昭挑战。途中遇上善良正直、手无缚鸡之力的赶考书生颜查散，引发英雄三试颜查散、三吃鱼的故事，并与之结为异姓兄弟。后颜查散遭人陷害入狱，白玉堂仗义相助，开封府寄笺留刀替颜查散伸冤，此案得以昭雪。

后来，白玉堂又夜入开封，力斗御猫，欲逼展昭放弃御猫的称号，但因兵刃被展昭的湛卢剑所伤，引发白玉堂夜入皇宫搅闹太师府、大闹东京。最终在其他三鼠和三侠劝服下，化干戈为玉帛，“五义”归顺开封，“鼠猫”共同辅佐包大人，惩恶扬善，造福百姓。

影视说鼠

在影视作品中，老鼠是颇受欢迎的题材。已经有不少以鼠为题材的电影和动画片问世，如《捕鼠记》《精灵鼠小弟》《猫和老鼠》《米老鼠和唐老鸭》《料理鼠王》等。《米老鼠和唐老鸭》中的主角米老鼠，身着红色衬衣、短裤和黄色鞋子，早已成为卡通王国的重要标志，深受少年儿童的喜爱。《猫和老鼠》的故事是将这一对天敌放在一起，富有想象力的故事和夸张的表现手法，给我们的童年带来了数不尽的欢笑。除了国外的影视作品，我们国内的《舒克和贝塔》里面的小老鼠不仅会开飞机还会开坦克，机智聪颖，善良热心的形象也深受大家喜爱；《黑猫警长》中反派角色老鼠“一只耳”，刻画得形象鲜明，更加凸显了黑猫警长的正义和勇敢。

老鼠被刻画成了各种各样的形象，被赋予了各种性格内涵，为我们的业余休闲生活提供了不少趣味。

图 11 浮雕石刻鼠仙画像砖

八

艺术作品与鼠

图 1 唐鼠俑

文物说鼠

在四川广汉三星堆商代遗址出土一件圆雕陶鼠，系捏塑而成。陶鼠头呈三角形，圆肥外凸，双耳斜竖，尖锥长嘴。尖嘴两侧的鼠须用三对对称的阴刻线表示，造型生动，惟妙惟肖，这是我国迄今发现年代最早的鼠的艺术形象，也是已知年代最早的一件鼠文物。

故宫博物院藏有唐代的石雕十二生肖鼠，鼠首人身，身穿长袍，衣袖宽大，双手交叉于胸前。鼠俑是用来“压胜”“辟邪”的镇墓明器，在唐宋墓葬中多有随葬。材质以陶器为主，但是也有铁质、瓷质或石质的。

生肖鼠文物中最有名的当属圆明园十二生肖鼠首铜像，原立于圆明园西洋楼海晏堂大水法前。1860 年，圆明园被英法联军抢劫并焚烧后，鼠首一直流落海外，曾与兔首一起现身法国的博物馆做短暂的展览。2009 年现身法国拍卖会，2013 年法国皮诺家族正式将鼠首铜像捐赠给中国，目前收藏在中国国家博物馆。

图 2 圆明园鼠首铜像

绘画说鼠

老鼠是十二生肖之首，与人类关系密切，也是历代书画名家笔下的重要题材。绘画鼠，依其载体和表现手法不同，可分为壁画、国画、年画三类。

20 世纪 80 年代初，在内蒙古阴山山脉之北的达茂联合旗百灵庙东北夏勒口发现一幅战国时期的十二生肖岩画。一块岩石上被敲凿出一幅造型颇生动的十二生肖图，岩画图像按照鼠、牛、虎、兔、龙、蛇、马、羊、猴、鸡、犬、猪等顺序排列。这是已知年代最早的岩刻鼠生肖图，图像顺序除龙不在以外，其他与现今生肖图像顺序相同。这一发现，向我们表明在战国时期，十二生肖已流行到中国北方边陲，并被艺术家选为创作题材。

现存最早的与鼠相关的文人画是宋末元初钱选的《黠鼠图》。钱选是一位技法全面的画家，他的画大多笔势细腻，兼得质朴和稚趣。《黠鼠图》中的老鼠正在偷食瓜果，每个老鼠的形态不一，形象狡黠。

图 3 宋 钱选《黠鼠图》

明宣宗朱瞻基也是画鼠高手。其传世作品中有两幅是与鼠有关的:《苦瓜鼠图》《荔鼠图》。在他的笔下,老鼠机敏可爱,灵动活泼。他为老鼠塑造出了一个美好的艺术形象。

图 4　清 朱耷《鼠瓜图》

八大山人朱耷绘画形象夸张奇特,笔墨凝练沉毅,风格雄奇隽永。日本泉屋博物馆就藏有他的绘画作品《鼠瓜图》,小鼠在冬瓜的衬托下,表现得非常可爱。该画以墨色渍染出老鼠身体与长尾,以细笔短线勾勒出下腹与左耳、鼻尖,率意随性,栩栩如生。

画鼠最多、最有名者,当属齐白石。白石老人属鼠,一生画鼠无数,被称为“鼠画家”。他笔下的老鼠或狡猾可喜,或机敏伶俐,或贪婪可笑,无不幽默诙谐。齐白石还常常题诗于画上,笔墨里透着风趣幽默,带着些许调侃,又有着警醒世人的意味,令人深思、耐人寻味。

图 5　齐白石《自称》

他的作品《自称》,画的就是一长秤杆,一端垂一铁秤砣,一端系一大秤钩,一只硕肥的鼠攀爬在秤钩上,得意扬扬地自称自个儿。这幅水墨漫画堪称绝妙,

图 6 齐白石《小鼠翻灯》

将老鼠不知斤两的丑态描绘得淋漓尽致，暗讽那些喜欢自吹自擂的人。

另一幅画作《小鼠翻灯》画的是一只小老鼠在油灯下，抬头望着盛油的灯盏，一副贪婪的模样。图上题诗云："昨夜床前点灯早，待我解衣来睡倒。寒门只打一钱油，那能供得鼠子饱。何时乞得猫儿来，油尽灯枯天不晓。"把老鼠偷灯油比作贪官污吏的横征暴敛，把猫儿治鼠比作有朝一日贪官污吏绝迹，耐人寻味。

画鼠贯串白石老人一生，他 91 岁高龄时还应亲友之邀画了一幅《双鼠觅食图》。画面上一座烛台，两只莹润的红萝卜，两只毛茸茸的老鼠，一前一后，追逐觅食，活灵活现，生活的情趣跃然纸上，堪称鼠画中的精品。画上题词云："烛火光明如白昼，不愁人见岂为偷？"署款更是特别，犹如一封家书娓娓道来："佛逊贤侄孙如见，九十一白石老人寄自北京白石画屋，交汝大儿手亲交上。"原来在齐白石晚年时期，向其索画者甚多，但他毕竟年事已高，且珍惜自己的作品，因而求画者求得一张画并不容易，连亲戚也是如此。所以他在画上特别交代，这幅画可是他亲手交的啊！这段题跋把老人的仔细与"吝啬"展现在世人面前，此事也成了画坛一段趣事。

图 7　齐白石《双鼠觅食图》

此外，近当代书画名家张大千、徐悲鸿、刘继卣、高剑父、黄永玉、范曾等也是画鼠高手，都有鼠画精品传世，皆各具特色，堪称艺术珍品。

图 8 张大千《灯油鼠》

图 9 年画《神猫捕鼠》

老鼠也是年画当中一个非常重要的题材。绵竹年画博物馆藏有一幅《老鼠嫁女》年画。老鼠想把女儿嫁给最有权势者，想嫁给最高的太阳，但是太阳可被云遮掩；想嫁给云，可是云怕风吹；想嫁给风，可是风怕高墙；想嫁给墙，可是墙怕老鼠钻洞；想嫁给老鼠，可是老鼠怕猫。最后老鼠决定选猫为女婿。于是老鼠吹吹打打送女儿出嫁，结果全被猫吞食。

绵竹年画博物馆还藏有一幅《神猫图》年画，一只黑猫口叼一只老鼠，图上写着："此猫如虎，取消众鼠。行走似箭，可称神武。"

剪纸说鼠

民间剪纸艺术流传久远，是最普及、最大众化的美术作品，被联合国教科文组织列入首批非物质文化遗产保护名单。在我国幅员辽

图 10 剪纸《老鼠嫁女》

阔的大地上，从南到北，从西到东，各地都有属于自己风格的剪纸艺术，一如迥然不同的乡音，各具鲜明特色。山东高密剪纸艺人范祚信 1985 年创作的《老鼠娶亲》是有关老鼠题材的剪纸作品中的佼佼者，该作品曾获得了全国剪纸比赛的金奖。

图 11 剪纸《鼠咬天开》

“鼠咬天开”也是剪纸艺术当中一个重要的题材。民间传说，天地之初，混沌未开，是老鼠把天地咬破，使气体流动，产生阴阳。老鼠因此成为开天辟地、生育万物的子神。子鼠是阴极的象征，出现在腊月至正月，正是除旧布新、送阴迎阳的时刻，具有祛灾纳吉的象征意义。

邮票说鼠

图 12 1984 年版生肖鼠邮票

生肖与我们每个人息息相关，中国邮政自 1980 年开始发行生肖邮票，还发行了与生肖相关的中国传统文化题材邮票。

第一轮生肖鼠邮票《甲子年》于 1984年发行，邮票图案由我国著名漫画家詹同创作，李印清设计，周哲文题字篆刻，呼振源雕刻。经过漫画手法的处理，一只有趣、可爱的老鼠位于画面中间，细长的尾巴高高向上翘起，两只大大的招风耳竖立着，八根胡须清晰可数，眼睛炯炯有神，一对弯弯的小爪在胸前微微拱起，仿佛在向人们祝贺新年，充满新春喜庆的妙趣。色彩运用明快、和谐，红色印章的“甲子年”点明主题，锦上添花。

图 13　1996 年版生肖鼠邮票

图 14　2008 年版生肖鼠邮票

图 15　漳州木版年画“老鼠嫁女”邮票

第二轮生肖鼠票《丙子年》于1996 年发行，一套两枚，邮票图案由吕胜中设计，李庆发、姜伟杰雕刻。第一图为“万家灯火”，用人性化的夸张漫画手法，描绘一只手执灯台、身穿彩衣、翘嘴长须、机警灵敏的小老鼠，寓意万家灯火、前景光明。第二图为“鼠咬天开”，画面为一轮红日中映出一个隶书“鼠”字，天空的彩霞中，六只小鼠目光向中心凝聚，寓意鼠咬天开、普天同庆。两枚邮票共同表达了对新年、春节的美好祝愿。

第三轮生肖鼠票《戊子年》于2008 年发行，由于平、任凭联合设计。以装饰画的表现手法，用色艳丽、丰富，画面栩栩如生。这只小老鼠，身着青衣，围着花围脖，挎着盛着鲜花的花篮，恰似一个报春的小使者，在鼠年到来之际，为人们带来春的信息，送来吉祥和祝福。

2009 年 1 月 18 日发行的《漳州木版年画》邮票，第四图以“老鼠嫁女”为题裁，由王虎鸣设计。该邮票图案选自清代年画作品《老鼠嫁女》，以中国民间老鼠娶亲的故事为素材，整个画面充满喜庆、热烈的气氛。《漳州木版年画》邮票中的“老鼠嫁女”构图紧凑、画面诙谐，突出刻画了右上方虎视眈眈的猫和坐在蛤蟆上陪嫁的老鼠。画面凸显了嫁娶时敲锣打鼓的欢庆场面，渲染出欢快的气氛。

图 16《金鼠送福》邮票

《金鼠送福》贺年专用邮票于 2019 年 11 月 1 日发行，设计者张帆。金鼠的主色调采用朱红色和橘红色渐变手法，运用中国传统缠枝纹勾勒出金鼠的造型，深浅变化的绿色缠枝环绕在橘红色的金鼠身上，主要图案被凸显的同时还赋予了吉祥之气。金鼠两侧配以祥云聚合体现出祥瑞萦绕、福到万家的美好祝愿。

2020 年第四轮生肖鼠邮票《庚子年》，一套两枚，由艺术大师韩美林创作。第一图为“子鼠开天”，一只形象喜人的老鼠腾空跳起，抬头望天，奋力咬破混沌，表现民间传说中的“鼠咬天开”，同时老鼠跳跃的姿态蕴含了鼠年生活节节高之意；第二图为“鼠兆丰年”，两只大老鼠带着萌动可爱的小老鼠侧身远望，身边是寓意丰收的花生，表情欢喜、得意，寓意 2020 年五谷丰登，家庭生活幸福美满，也包含着鼠到福来的含义。

图 17 2020 年版生肖鼠邮票

图书在版编目（CIP）数据

十二生肖系列之鼠年说鼠 / 刘甲良编著.
—郑州 ：中州古籍出版社, 2019.12
ISBN 978-7-5348-8905-9

Ⅰ. ①十… Ⅱ. ①刘… Ⅲ. ①十二生肖–通俗读物 Ⅳ. ①K892.21-49

中国版本图书馆 CIP 数据核字（2019）第 284564 号

策　　划：胡庆魁　张存威
项目统筹：张　帆　闵世勇
责任编辑：闵世勇　高雪薇
责任校对：苏晓园
美术编辑：和　轩

出版：中州古籍出版社
地址：郑州市郑东新区祥盛街 27 号 6 层
邮编：450016
电话：0371-65788693
经销：新华书店
印刷：辉县市伟业印务有限公司
版次：2019 年 12 月第 1 版
印次：2019 年 12 月第 1 次印刷
开本：640 毫米×960 毫米 1/16
印张：5 印张
字数：60 千字
印数：1-11000
定价：40.00 元